AF447245

NAME: FAX:

ADRESSE: TELEFON:

E-MAIL: GEBURTSTAG:

NAME: FAX:

ADRESSE: TELEFON:

E-MAIL: GEBURTSTAG:

NAME: FAX:

ADRESSE: TELEFON:

E-MAIL: GEBURTSTAG:

NOTIZEN:

NAME: FAX:

ADRESSE: TELEFON:

E-MAIL: GEBURTSTAG:

NAME: FAX:

ADRESSE: TELEFON:

E-MAIL: GEBURTSTAG:

NAME: FAX:

ADRESSE: TELEFON:

E-MAIL: GEBURTSTAG:

NOTIZEN:

NAME: FAX:

ADRESSE: TELEFON:

E-MAIL: GEBURTSTAG:

NAME: FAX:

ADRESSE: TELEFON:

E-MAIL: GEBURTSTAG:

NAME: FAX:

ADRESSE: TELEFON:

E-MAIL: GEBURTSTAG:

NOTIZEN:

NAME: FAX:

ADRESSE: TELEFON:

E-MAIL: GEBURTSTAG:

NAME: FAX:

ADRESSE: TELEFON:

E-MAIL: GEBURTSTAG:

NAME: FAX:

ADRESSE: TELEFON:

E-MAIL: GEBURTSTAG:

NOTIZEN:

NAME: FAX:

ADRESSE: TELEFON:

E-MAIL: GEBURTSTAG:

NAME: FAX:

ADRESSE: TELEFON:

E-MAIL: GEBURTSTAG:

NAME: FAX:

ADRESSE: TELEFON:

E-MAIL: GEBURTSTAG:

NOTIZEN:

NAME: **FAX:**

ADRESSE: **TELEFON:**

E-MAIL: **GEBURTSTAG:**

NAME: **FAX:**

ADRESSE: **TELEFON:**

E-MAIL: **GEBURTSTAG:**

NAME: **FAX:**

ADRESSE: **TELEFON:**

E-MAIL: **GEBURTSTAG:**

NOTIZEN:

NAME: FAX:

ADRESSE: TELEFON:

E-MAIL: GEBURTSTAG:

NAME: FAX:

ADRESSE: TELEFON:

E-MAIL: GEBURTSTAG:

NAME: FAX:

ADRESSE: TELEFON:

E-MAIL: GEBURTSTAG:

NOTIZEN:

NAME: FAX:

ADRESSE: TELEFON:

E-MAIL: GEBURTSTAG:

NAME: FAX:

ADRESSE: TELEFON:

E-MAIL: GEBURTSTAG:

NAME: FAX:

ADRESSE: TELEFON:

E-MAIL: GEBURTSTAG:

NOTIZEN:

NAME: FAX:

ADRESSE: TELEFON:

E-MAIL: GEBURTSTAG:

NAME: FAX:

ADRESSE: TELEFON:

E-MAIL: GEBURTSTAG:

NAME: FAX:

ADRESSE: TELEFON:

E-MAIL: GEBURTSTAG:

NOTIZEN:

NAME: FAX:

ADRESSE: TELEFON:

E-MAIL: GEBURTSTAG:

NAME: FAX:

ADRESSE: TELEFON:

E-MAIL: GEBURTSTAG:

NAME: FAX:

ADRESSE: TELEFON:

E-MAIL: GEBURTSTAG:

NOTIZEN:

NAME: FAX:

ADRESSE: TELEFON:

E-MAIL: GEBURTSTAG:

NAME: FAX:

ADRESSE: TELEFON:

E-MAIL: GEBURTSTAG:

NAME: FAX:

ADRESSE: TELEFON:

E-MAIL: GEBURTSTAG:

NOTIZEN:

NAME: FAX:

ADRESSE: TELEFON:

E-MAIL: GEBURTSTAG:

NAME: FAX:

ADRESSE: TELEFON:

E-MAIL: GEBURTSTAG:

NAME: FAX:

ADRESSE: TELEFON:

E-MAIL: GEBURTSTAG:

NOTIZEN:

NAME:

FAX:

ADRESSE:

TELEFON:

E-MAIL:

GEBURTSTAG:

NAME:

FAX:

ADRESSE:

TELEFON:

E-MAIL:

GEBURTSTAG:

NAME:

FAX:

ADRESSE:

TELEFON:

E-MAIL:

GEBURTSTAG:

NOTIZEN:

NAME: FAX:

ADRESSE: TELEFON:

E-MAIL: GEBURTSTAG:

NAME: FAX:

ADRESSE: TELEFON:

E-MAIL: GEBURTSTAG:

NAME: FAX:

ADRESSE: TELEFON:

E-MAIL: GEBURTSTAG:

NOTIZEN:

NAME: FAX:

ADRESSE: TELEFON:

E-MAIL: GEBURTSTAG:

NAME: FAX:

ADRESSE: TELEFON:

E-MAIL: GEBURTSTAG:

NAME: FAX:

ADRESSE: TELEFON:

E-MAIL: GEBURTSTAG:

NOTIZEN:

NAME: FAX:

ADRESSE: TELEFON:

E-MAIL: GEBURTSTAG:

NAME: FAX:

ADRESSE: TELEFON:

E-MAIL: GEBURTSTAG:

NAME: FAX:

ADRESSE: TELEFON:

E-MAIL: GEBURTSTAG:

NOTIZEN:

NAME: FAX:

ADRESSE: TELEFON:

E-MAIL: GEBURTSTAG:

NAME: FAX:

ADRESSE: TELEFON:

E-MAIL: GEBURTSTAG:

NAME: FAX:

ADRESSE: TELEFON:

E-MAIL: GEBURTSTAG:

NOTIZEN:

NAME: FAX:

ADRESSE: TELEFON:

E-MAIL: GEBURTSTAG:

NAME: FAX:

ADRESSE: TELEFON:

E-MAIL: GEBURTSTAG:

NAME: FAX:

ADRESSE: TELEFON:

E-MAIL: GEBURTSTAG:

NOTIZEN:

NAME: FAX:

ADRESSE: TELEFON:

E-MAIL: GEBURTSTAG:

NAME: FAX:

ADRESSE: TELEFON:

E-MAIL: GEBURTSTAG:

NAME: FAX:

ADRESSE: TELEFON:

E-MAIL: GEBURTSTAG:

NOTIZEN:

NAME: FAX:

ADRESSE: TELEFON:

E-MAIL: GEBURTSTAG:

NAME: FAX:

ADRESSE: TELEFON:

E-MAIL: GEBURTSTAG:

NAME: FAX:

ADRESSE: TELEFON:

E-MAIL: GEBURTSTAG:

NOTIZEN:

NAME: _______________________ FAX: _______________________

ADRESSE: _______________________ TELEFON: _______________________

____

E-MAIL: _______________________ GEBURTSTAG: _______________________

NAME: _______________________ FAX: _______________________

ADRESSE: _______________________ TELEFON: _______________________

____

E-MAIL: _______________________ GEBURTSTAG: _______________________

NAME: _______________________ FAX: _______________________

ADRESSE: _______________________ TELEFON: _______________________

____

E-MAIL: _______________________ GEBURTSTAG: _______________________

NOTIZEN: _______________________

____

____

NAME: FAX:

ADRESSE: TELEFON:

E-MAIL: GEBURTSTAG:

NAME: FAX:

ADRESSE: TELEFON:

E-MAIL: GEBURTSTAG:

NAME: FAX:

ADRESSE: TELEFON:

E-MAIL: GEBURTSTAG:

NOTIZEN:

NAME: FAX:

ADRESSE: TELEFON:

E-MAIL: GEBURTSTAG:

NAME: FAX:

ADRESSE: TELEFON:

E-MAIL: GEBURTSTAG:

NAME: FAX:

ADRESSE: TELEFON:

E-MAIL: GEBURTSTAG:

NOTIZEN:

NAME: FAX:

ADRESSE: TELEFON:

E-MAIL: GEBURTSTAG:

NAME: FAX:

ADRESSE: TELEFON:

E-MAIL: GEBURTSTAG:

NAME: FAX:

ADRESSE: TELEFON:

E-MAIL: GEBURTSTAG:

NOTIZEN:

NAME: _______________________ FAX: _______________________

ADRESSE: _______________________ TELEFON: _______________________

____

____

E-MAIL: _______________________ GEBURTSTAG: _______________________

NAME: _______________________ FAX: _______________________

ADRESSE: _______________________ TELEFON: _______________________

____

____

E-MAIL: _______________________ GEBURTSTAG: _______________________

NAME: _______________________ FAX: _______________________

ADRESSE: _______________________ TELEFON: _______________________

____

____

E-MAIL: _______________________ GEBURTSTAG: _______________________

NOTIZEN: _______________________________________

____

____

NAME: FAX:

ADRESSE: TELEFON:

E-MAIL: GEBURTSTAG:

NAME: FAX:

ADRESSE: TELEFON:

E-MAIL: GEBURTSTAG:

NAME: FAX:

ADRESSE: TELEFON:

E-MAIL: GEBURTSTAG:

NOTIZEN:

NAME: FAX:

ADRESSE: TELEFON:

E-MAIL: GEBURTSTAG:

NAME: FAX:

ADRESSE: TELEFON:

E-MAIL: GEBURTSTAG:

NAME: FAX:

ADRESSE: TELEFON:

E-MAIL: GEBURTSTAG:

NOTIZEN:

NAME: FAX:

ADRESSE: TELEFON:

E-MAIL: GEBURTSTAG:

NAME: FAX:

ADRESSE: TELEFON:

E-MAIL: GEBURTSTAG:

NAME: FAX:

ADRESSE: TELEFON:

E-MAIL: GEBURTSTAG:

NOTIZEN:

NAME: FAX:

ADRESSE: TELEFON:

E-MAIL: GEBURTSTAG:

NAME: FAX:

ADRESSE: TELEFON:

E-MAIL: GEBURTSTAG:

NAME: FAX:

ADRESSE: TELEFON:

E-MAIL: GEBURTSTAG:

NOTIZEN:

NAME: FAX:

ADRESSE: TELEFON:

E-MAIL: GEBURTSTAG:

NAME: FAX:

ADRESSE: TELEFON:

E-MAIL: GEBURTSTAG:

NAME: FAX:

ADRESSE: TELEFON:

E-MAIL: GEBURTSTAG:

NOTIZEN:

NAME: FAX:

ADRESSE: TELEFON:

E-MAIL: GEBURTSTAG:

NAME: FAX:

ADRESSE: TELEFON:

E-MAIL: GEBURTSTAG:

NAME: FAX:

ADRESSE: TELEFON:

E-MAIL: GEBURTSTAG:

NOTIZEN:

NAME: FAX:

ADRESSE: TELEFON:

E-MAIL: GEBURTSTAG:

NAME: FAX:

ADRESSE: TELEFON:

E-MAIL: GEBURTSTAG:

NAME: FAX:

ADRESSE: TELEFON:

E-MAIL: GEBURTSTAG:

NOTIZEN:

NAME: FAX:

ADRESSE: TELEFON:

E-MAIL: GEBURTSTAG:

NAME: FAX:

ADRESSE: TELEFON:

E-MAIL: GEBURTSTAG:

NAME: FAX:

ADRESSE: TELEFON:

E-MAIL: GEBURTSTAG:

NOTIZEN:

NAME: ___________________ FAX: ___________________

ADRESSE: ___________________ TELEFON: ___________________

____

____

E-MAIL: ___________________ GEBURTSTAG: ___________________

NAME: ___________________ FAX: ___________________

ADRESSE: ___________________ TELEFON: ___________________

____

____

E-MAIL: ___________________ GEBURTSTAG: ___________________

NAME: ___________________ FAX: ___________________

ADRESSE: ___________________ TELEFON: ___________________

____

____

E-MAIL: ___________________ GEBURTSTAG: ___________________

NOTIZEN: ___________________

____

____

____

NAME: FAX:

ADRESSE: TELEFON:

E-MAIL: GEBURTSTAG:

NAME: FAX:

ADRESSE: TELEFON:

E-MAIL: GEBURTSTAG:

NAME: FAX:

ADRESSE: TELEFON:

E-MAIL: GEBURTSTAG:

NOTIZEN:

NAME: FAX:

ADRESSE: TELEFON:

E-MAIL: GEBURTSTAG:

NAME: FAX:

ADRESSE: TELEFON:

E-MAIL: GEBURTSTAG:

NAME: FAX:

ADRESSE: TELEFON:

E-MAIL: GEBURTSTAG:

NOTIZEN:

NAME: FAX:

ADRESSE: TELEFON:

E-MAIL: GEBURTSTAG:

NAME: FAX:

ADRESSE: TELEFON:

E-MAIL: GEBURTSTAG:

NAME: FAX:

ADRESSE: TELEFON:

E-MAIL: GEBURTSTAG:

NOTIZEN:

NAME: FAX:

ADRESSE: TELEFON:

E-MAIL: GEBURTSTAG:

NAME: FAX:

ADRESSE: TELEFON:

E-MAIL: GEBURTSTAG:

NAME: FAX:

ADRESSE: TELEFON:

E-MAIL: GEBURTSTAG:

NOTIZEN:

NAME: FAX:

ADRESSE: TELEFON:

E-MAIL: GEBURTSTAG:

NAME: FAX:

ADRESSE: TELEFON:

E-MAIL: GEBURTSTAG:

NAME: FAX:

ADRESSE: TELEFON:

E-MAIL: GEBURTSTAG:

NOTIZEN:

NAME: FAX:

ADRESSE: TELEFON:

E-MAIL: GEBURTSTAG:

NAME: FAX:

ADRESSE: TELEFON:

E-MAIL: GEBURTSTAG:

NAME: FAX:

ADRESSE: TELEFON:

E-MAIL: GEBURTSTAG:

NOTIZEN:

NAME: FAX:

ADRESSE: TELEFON:

E-MAIL: GEBURTSTAG:

NAME: FAX:

ADRESSE: TELEFON:

E-MAIL: GEBURTSTAG:

NAME: FAX:

ADRESSE: TELEFON:

E-MAIL: GEBURTSTAG:

NOTIZEN:

NAME: FAX:

ADRESSE: TELEFON:

E-MAIL: GEBURTSTAG:

NAME: FAX:

ADRESSE: TELEFON:

E-MAIL: GEBURTSTAG:

NAME: FAX:

ADRESSE: TELEFON:

E-MAIL: GEBURTSTAG:

NOTIZEN:

NAME: ___________________ FAX: ___________________

ADRESSE: ___________________ TELEFON: ___________________

E-MAIL: ___________________ GEBURTSTAG: ___________________

NAME: ___________________ FAX: ___________________

ADRESSE: ___________________ TELEFON: ___________________

E-MAIL: ___________________ GEBURTSTAG: ___________________

NAME: ___________________ FAX: ___________________

ADRESSE: ___________________ TELEFON: ___________________

E-MAIL: ___________________ GEBURTSTAG: ___________________

NOTIZEN: ___________________

NAME: FAX:

ADRESSE: TELEFON:

E-MAIL: GEBURTSTAG:

NAME: FAX:

ADRESSE: TELEFON:

E-MAIL: GEBURTSTAG:

NAME: FAX:

ADRESSE: TELEFON:

E-MAIL: GEBURTSTAG:

NOTIZEN:

NAME: FAX:

ADRESSE: TELEFON:

E-MAIL: GEBURTSTAG:

NAME: FAX:

ADRESSE: TELEFON:

E-MAIL: GEBURTSTAG:

NAME: FAX:

ADRESSE: TELEFON:

E-MAIL: GEBURTSTAG:

NOTIZEN:

NAME: FAX:

ADRESSE: TELEFON:

E-MAIL: GEBURTSTAG:

NAME: FAX:

ADRESSE: TELEFON:

E-MAIL: GEBURTSTAG:

NAME: FAX:

ADRESSE: TELEFON:

E-MAIL: GEBURTSTAG:

NOTIZEN:

NAME: ___________________________ FAX: ___________________________

ADRESSE: ___________________________ TELEFON: ___________________________

____

____

E-MAIL: ___________________________ GEBURTSTAG: ___________________________

NAME: ___________________________ FAX: ___________________________

ADRESSE: ___________________________ TELEFON: ___________________________

____

____

E-MAIL: ___________________________ GEBURTSTAG: ___________________________

NAME: ___________________________ FAX: ___________________________

ADRESSE: ___________________________ TELEFON: ___________________________

____

____

E-MAIL: ___________________________ GEBURTSTAG: ___________________________

NOTIZEN: ___________________________

____

____

____

NAME: FAX:

ADRESSE: TELEFON:

E-MAIL: GEBURTSTAG:

NAME: FAX:

ADRESSE: TELEFON:

E-MAIL: GEBURTSTAG:

NAME: FAX:

ADRESSE: TELEFON:

E-MAIL: GEBURTSTAG:

NOTIZEN:

NAME: FAX:

ADRESSE: TELEFON:

E-MAIL: GEBURTSTAG:

NAME: FAX:

ADRESSE: TELEFON:

E-MAIL: GEBURTSTAG:

NAME: FAX:

ADRESSE: TELEFON:

E-MAIL: GEBURTSTAG:

NOTIZEN:

NAME: FAX:

ADRESSE: TELEFON:

E-MAIL: GEBURTSTAG:

NAME: FAX:

ADRESSE: TELEFON:

E-MAIL: GEBURTSTAG:

NAME: FAX:

ADRESSE: TELEFON:

E-MAIL: GEBURTSTAG:

NOTIZEN:

NAME: FAX:

ADRESSE: TELEFON:

E-MAIL: GEBURTSTAG:

NAME: FAX:

ADRESSE: TELEFON:

E-MAIL: GEBURTSTAG:

NAME: FAX:

ADRESSE: TELEFON:

E-MAIL: GEBURTSTAG:

NOTIZEN:

NAME: FAX:

ADRESSE: TELEFON:

E-MAIL: GEBURTSTAG:

NAME: FAX:

ADRESSE: TELEFON:

E-MAIL: GEBURTSTAG:

NAME: FAX:

ADRESSE: TELEFON:

E-MAIL: GEBURTSTAG:

NOTIZEN:

NAME: _________________ FAX: _________________

ADRESSE: _________________ TELEFON: _________________

____

____

E-MAIL: _________________ GEBURTSTAG: _________________

NAME: _________________ FAX: _________________

ADRESSE: _________________ TELEFON: _________________

____

____

E-MAIL: _________________ GEBURTSTAG: _________________

NAME: _________________ FAX: _________________

ADRESSE: _________________ TELEFON: _________________

____

____

E-MAIL: _________________ GEBURTSTAG: _________________

NOTIZEN: _________________

____

____

NAME: FAX:

ADRESSE: TELEFON:

E-MAIL: GEBURTSTAG:

NAME: FAX:

ADRESSE: TELEFON:

E-MAIL: GEBURTSTAG:

NAME: FAX:

ADRESSE: TELEFON:

E-MAIL: GEBURTSTAG:

NOTIZEN:

NAME: FAX:

ADRESSE: TELEFON:

E-MAIL: GEBURTSTAG:

NAME: FAX:

ADRESSE: TELEFON:

E-MAIL: GEBURTSTAG:

NAME: FAX:

ADRESSE: TELEFON:

E-MAIL: GEBURTSTAG:

NOTIZEN:

NAME: FAX:

ADRESSE: TELEFON:

E-MAIL: GEBURTSTAG:

NAME: FAX:

ADRESSE: TELEFON:

E-MAIL: GEBURTSTAG:

NAME: FAX:

ADRESSE: TELEFON:

E-MAIL: GEBURTSTAG:

NOTIZEN:

NAME: FAX:

ADRESSE: TELEFON:

E-MAIL: GEBURTSTAG:

NAME: FAX:

ADRESSE: TELEFON:

E-MAIL: GEBURTSTAG:

NAME: FAX:

ADRESSE: TELEFON:

E-MAIL: GEBURTSTAG:

NOTIZEN:

NAME: FAX:

ADRESSE: TELEFON:

E-MAIL: GEBURTSTAG:

NAME: FAX:

ADRESSE: TELEFON:

E-MAIL: GEBURTSTAG:

NAME: FAX:

ADRESSE: TELEFON:

E-MAIL: GEBURTSTAG:

NOTIZEN:

NAME: FAX:

ADRESSE: TELEFON:

E-MAIL: GEBURTSTAG:

NAME: FAX:

ADRESSE: TELEFON:

E-MAIL: GEBURTSTAG:

NAME: FAX:

ADRESSE: TELEFON:

E-MAIL: GEBURTSTAG:

NOTIZEN:

NAME: FAX:

ADRESSE: TELEFON:

E-MAIL: GEBURTSTAG:

NAME: FAX:

ADRESSE: TELEFON:

E-MAIL: GEBURTSTAG:

NAME: FAX:

ADRESSE: TELEFON:

E-MAIL: GEBURTSTAG:

NOTIZEN:

NAME: FAX:

ADRESSE: TELEFON:

E-MAIL: GEBURTSTAG:

NAME: FAX:

ADRESSE: TELEFON:

E-MAIL: GEBURTSTAG:

NAME: FAX:

ADRESSE: TELEFON:

E-MAIL: GEBURTSTAG:

NOTIZEN:

NAME: FAX:

ADRESSE: TELEFON:

E-MAIL: GEBURTSTAG:

NAME: FAX:

ADRESSE: TELEFON:

E-MAIL: GEBURTSTAG:

NAME: FAX:

ADRESSE: TELEFON:

E-MAIL: GEBURTSTAG:

NOTIZEN:

NAME: FAX:

ADRESSE: TELEFON:

E-MAIL: GEBURTSTAG:

NAME: FAX:

ADRESSE: TELEFON:

E-MAIL: GEBURTSTAG:

NAME: FAX:

ADRESSE: TELEFON:

E-MAIL: GEBURTSTAG:

NOTIZEN:

NAME: FAX:

ADRESSE: TELEFON:

E-MAIL: GEBURTSTAG:

NAME: FAX:

ADRESSE: TELEFON:

E-MAIL: GEBURTSTAG:

NAME: FAX:

ADRESSE: TELEFON:

E-MAIL: GEBURTSTAG:

NOTIZEN:

NAME: FAX:

ADRESSE: TELEFON:

E-MAIL: GEBURTSTAG:

NAME: FAX:

ADRESSE: TELEFON:

E-MAIL: GEBURTSTAG:

NAME: FAX:

ADRESSE: TELEFON:

E-MAIL: GEBURTSTAG:

NOTIZEN:

NAME: FAX:

ADRESSE: TELEFON:

E-MAIL: GEBURTSTAG:

NAME: FAX:

ADRESSE: TELEFON:

E-MAIL: GEBURTSTAG:

NAME: FAX:

ADRESSE: TELEFON:

E-MAIL: GEBURTSTAG:

NOTIZEN:

NAME: FAX:

ADRESSE: TELEFON:

E-MAIL: GEBURTSTAG:

NAME: FAX:

ADRESSE: TELEFON:

E-MAIL: GEBURTSTAG:

NAME: FAX:

ADRESSE: TELEFON:

E-MAIL: GEBURTSTAG:

NOTIZEN:

NAME: FAX:

ADRESSE: TELEFON:

E-MAIL: GEBURTSTAG:

NAME: FAX:

ADRESSE: TELEFON:

E-MAIL: GEBURTSTAG:

NAME: FAX:

ADRESSE: TELEFON:

E-MAIL: GEBURTSTAG:

NOTIZEN:

NAME: FAX:

ADRESSE: TELEFON:

E-MAIL: GEBURTSTAG:

NAME: FAX:

ADRESSE: TELEFON:

E-MAIL: GEBURTSTAG:

NAME: FAX:

ADRESSE: TELEFON:

E-MAIL: GEBURTSTAG:

NOTIZEN:

NAME: FAX:

ADRESSE: TELEFON:

E-MAIL: GEBURTSTAG:

NAME: FAX:

ADRESSE: TELEFON:

E-MAIL: GEBURTSTAG:

NAME: FAX:

ADRESSE: TELEFON:

E-MAIL: GEBURTSTAG:

NOTIZEN:

NAME: FAX:

ADRESSE: TELEFON:

E-MAIL: GEBURTSTAG:

NAME: FAX:

ADRESSE: TELEFON:

E-MAIL: GEBURTSTAG:

NAME: FAX:

ADRESSE: TELEFON:

E-MAIL: GEBURTSTAG:

NOTIZEN:

NAME: FAX:

ADRESSE: TELEFON:

E-MAIL: GEBURTSTAG:

NAME: FAX:

ADRESSE: TELEFON:

E-MAIL: GEBURTSTAG:

NAME: FAX:

ADRESSE: TELEFON:

E-MAIL: GEBURTSTAG:

NOTIZEN:

NAME: FAX:

ADRESSE: TELEFON:

E-MAIL: GEBURTSTAG:

NAME: FAX:

ADRESSE: TELEFON:

E-MAIL: GEBURTSTAG:

NAME: FAX:

ADRESSE: TELEFON:

E-MAIL: GEBURTSTAG:

NOTIZEN:

NAME: FAX:

ADRESSE: TELEFON:

E-MAIL: GEBURTSTAG:

NAME: FAX:

ADRESSE: TELEFON:

E-MAIL: GEBURTSTAG:

NAME: FAX:

ADRESSE: TELEFON:

E-MAIL: GEBURTSTAG:

NOTIZEN:

NAME: _______________________ FAX: _______________________

ADRESSE: _______________________ TELEFON: _______________________

____

____

E-MAIL: _______________________ GEBURTSTAG: _______________________

NAME: _______________________ FAX: _______________________

ADRESSE: _______________________ TELEFON: _______________________

____

____

E-MAIL: _______________________ GEBURTSTAG: _______________________

NAME: _______________________ FAX: _______________________

ADRESSE: _______________________ TELEFON: _______________________

____

____

E-MAIL: _______________________ GEBURTSTAG: _______________________

NOTIZEN: _______________________

____

____

____

NAME: FAX:

ADRESSE: TELEFON:

E-MAIL: GEBURTSTAG:

NAME: FAX:

ADRESSE: TELEFON:

E-MAIL: GEBURTSTAG:

NAME: FAX:

ADRESSE: TELEFON:

E-MAIL: GEBURTSTAG:

NOTIZEN:

NAME: FAX:

ADRESSE: TELEFON:

E-MAIL: GEBURTSTAG:

NAME: FAX:

ADRESSE: TELEFON:

E-MAIL: GEBURTSTAG:

NAME: FAX:

ADRESSE: TELEFON:

E-MAIL: GEBURTSTAG:

NOTIZEN:

NAME: FAX:

ADRESSE: TELEFON:

E-MAIL: GEBURTSTAG:

NAME: FAX:

ADRESSE: TELEFON:

E-MAIL: GEBURTSTAG:

NAME: FAX:

ADRESSE: TELEFON:

E-MAIL: GEBURTSTAG:

NOTIZEN:

NAME: FAX:

ADRESSE: TELEFON:

E-MAIL: GEBURTSTAG:

NAME: FAX:

ADRESSE: TELEFON:

E-MAIL: GEBURTSTAG:

NAME: FAX:

ADRESSE: TELEFON:

E-MAIL: GEBURTSTAG:

NOTIZEN:

NAME: FAX:

ADRESSE: TELEFON:

E-MAIL: GEBURTSTAG:

NAME: FAX:

ADRESSE: TELEFON:

E-MAIL: GEBURTSTAG:

NAME: FAX:

ADRESSE: TELEFON:

E-MAIL: GEBURTSTAG:

NOTIZEN:

NAME: FAX:

ADRESSE: TELEFON:

E-MAIL: GEBURTSTAG:

NAME: FAX:

ADRESSE: TELEFON:

E-MAIL: GEBURTSTAG:

NAME: FAX:

ADRESSE: TELEFON:

E-MAIL: GEBURTSTAG:

NOTIZEN:

NAME: FAX:

ADRESSE: TELEFON:

E-MAIL: GEBURTSTAG:

NAME: FAX:

ADRESSE: TELEFON:

E-MAIL: GEBURTSTAG:

NAME: FAX:

ADRESSE: TELEFON:

E-MAIL: GEBURTSTAG:

NOTIZEN:

NAME: **FAX:**

ADRESSE: **TELEFON:**

E-MAIL: **GEBURTSTAG:**

NAME: **FAX:**

ADRESSE: **TELEFON:**

E-MAIL: **GEBURTSTAG:**

NAME: **FAX:**

ADRESSE: **TELEFON:**

E-MAIL: **GEBURTSTAG:**

NOTIZEN:

NAME: FAX:

ADRESSE: TELEFON:

E-MAIL: GEBURTSTAG:

NAME: FAX:

ADRESSE: TELEFON:

E-MAIL: GEBURTSTAG:

NAME: FAX:

ADRESSE: TELEFON:

E-MAIL: GEBURTSTAG:

NOTIZEN:

NAME: FAX:

ADRESSE: TELEFON:

E-MAIL: GEBURTSTAG:

NAME: FAX:

ADRESSE: TELEFON:

E-MAIL: GEBURTSTAG:

NAME: FAX:

ADRESSE: TELEFON:

E-MAIL: GEBURTSTAG:

NOTIZEN:

NAME: FAX:

ADRESSE: TELEFON:

E-MAIL: GEBURTSTAG:

NAME: FAX:

ADRESSE: TELEFON:

E-MAIL: GEBURTSTAG:

NAME: FAX:

ADRESSE: TELEFON:

E-MAIL: GEBURTSTAG:

NOTIZEN:

NAME: FAX:

ADRESSE: TELEFON:

E-MAIL: GEBURTSTAG:

NAME: FAX:

ADRESSE: TELEFON:

E-MAIL: GEBURTSTAG:

NAME: FAX:

ADRESSE: TELEFON:

E-MAIL: GEBURTSTAG:

NOTIZEN:

NAME: FAX:

ADRESSE: TELEFON:

E-MAIL: GEBURTSTAG:

NAME: FAX:

ADRESSE: TELEFON:

E-MAIL: GEBURTSTAG:

NAME: FAX:

ADRESSE: TELEFON:

E-MAIL: GEBURTSTAG:

NOTIZEN:

NAME: FAX:

ADRESSE: TELEFON:

E-MAIL: GEBURTSTAG:

NAME: FAX:

ADRESSE: TELEFON:

E-MAIL: GEBURTSTAG:

NAME: FAX:

ADRESSE: TELEFON:

E-MAIL: GEBURTSTAG:

NOTIZEN:

NAME: FAX:

ADRESSE: TELEFON:

E-MAIL: GEBURTSTAG:

NAME: FAX:

ADRESSE: TELEFON:

E-MAIL: GEBURTSTAG:

NAME: FAX:

ADRESSE: TELEFON:

E-MAIL: GEBURTSTAG:

NOTIZEN:

NAME: FAX:

ADRESSE: TELEFON:

E-MAIL: GEBURTSTAG:

NAME: FAX:

ADRESSE: TELEFON:

E-MAIL: GEBURTSTAG:

NAME: FAX:

ADRESSE: TELEFON:

E-MAIL: GEBURTSTAG:

NOTIZEN:

NAME: FAX:

ADRESSE: TELEFON:

E-MAIL: GEBURTSTAG:

NAME: FAX:

ADRESSE: TELEFON:

E-MAIL: GEBURTSTAG:

NAME: FAX:

ADRESSE: TELEFON:

E-MAIL: GEBURTSTAG:

NOTIZEN:

NAME: FAX:

ADRESSE: TELEFON:

E-MAIL: GEBURTSTAG:

NAME: FAX:

ADRESSE: TELEFON:

E-MAIL: GEBURTSTAG:

NAME: FAX:

ADRESSE: TELEFON:

E-MAIL: GEBURTSTAG:

NOTIZEN:

NAME: FAX:

ADRESSE: TELEFON:

E-MAIL: GEBURTSTAG:

NAME: FAX:

ADRESSE: TELEFON:

E-MAIL: GEBURTSTAG:

NAME: FAX:

ADRESSE: TELEFON:

E-MAIL: GEBURTSTAG:

NOTIZEN:

NAME: FAX:

ADRESSE: TELEFON:

E-MAIL: GEBURTSTAG:

NAME: FAX:

ADRESSE: TELEFON:

E-MAIL: GEBURTSTAG:

NAME: FAX:

ADRESSE: TELEFON:

E-MAIL: GEBURTSTAG:

NOTIZEN:

NAME: _____________________ FAX: _____________________

ADRESSE: _________________ TELEFON: _________________

E-MAIL: __________________ GEBURTSTAG: ______________

NAME: _____________________ FAX: _____________________

ADRESSE: _________________ TELEFON: _________________

E-MAIL: __________________ GEBURTSTAG: ______________

NAME: _____________________ FAX: _____________________

ADRESSE: _________________ TELEFON: _________________

E-MAIL: __________________ GEBURTSTAG: ______________

NOTIZEN: ____

NAME: FAX:

ADRESSE: TELEFON:

E-MAIL: GEBURTSTAG:

NAME: FAX:

ADRESSE: TELEFON:

E-MAIL: GEBURTSTAG:

NAME: FAX:

ADRESSE: TELEFON:

E-MAIL: GEBURTSTAG:

NOTIZEN:

NAME: FAX:

ADRESSE: TELEFON:

E-MAIL: GEBURTSTAG:

NAME: FAX:

ADRESSE: TELEFON:

E-MAIL: GEBURTSTAG:

NAME: FAX:

ADRESSE: TELEFON:

E-MAIL: GEBURTSTAG:

NOTIZEN:

NAME: FAX:

ADRESSE: TELEFON:

E-MAIL: GEBURTSTAG:

NAME: FAX:

ADRESSE: TELEFON:

E-MAIL: GEBURTSTAG:

NAME: FAX:

ADRESSE: TELEFON:

E-MAIL: GEBURTSTAG:

NOTIZEN:

NAME: FAX:

ADRESSE: TELEFON:

E-MAIL: GEBURTSTAG:

NAME: FAX:

ADRESSE: TELEFON:

E-MAIL: GEBURTSTAG:

NAME: FAX:

ADRESSE: TELEFON:

E-MAIL: GEBURTSTAG:

NOTIZEN:

NAME: ______________________ FAX: ______________________

ADRESSE: ______________________ TELEFON: ______________________

E-MAIL: ______________________ GEBURTSTAG: ______________________

NAME: ______________________ FAX: ______________________

ADRESSE: ______________________ TELEFON: ______________________

E-MAIL: ______________________ GEBURTSTAG: ______________________

NAME: ______________________ FAX: ______________________

ADRESSE: ______________________ TELEFON: ______________________

E-MAIL: ______________________ GEBURTSTAG: ______________________

NOTIZEN: ______________________

NAME: FAX:

ADRESSE: TELEFON:

E-MAIL: GEBURTSTAG:

NAME: FAX:

ADRESSE: TELEFON:

E-MAIL: GEBURTSTAG:

NAME: FAX:

ADRESSE: TELEFON:

E-MAIL: GEBURTSTAG:

NOTIZEN:

NAME: FAX:

ADRESSE: TELEFON:

E-MAIL: GEBURTSTAG:

NAME: FAX:

ADRESSE: TELEFON:

E-MAIL: GEBURTSTAG:

NAME: FAX:

ADRESSE: TELEFON:

E-MAIL: GEBURTSTAG:

NOTIZEN:

NAME: FAX:

ADRESSE: TELEFON:

E-MAIL: GEBURTSTAG:

NAME: FAX:

ADRESSE: TELEFON:

E-MAIL: GEBURTSTAG:

NAME: FAX:

ADRESSE: TELEFON:

E-MAIL: GEBURTSTAG:

NOTIZEN:

www.ingramcontent.com/pod-product-compliance
Lightning Source LLC
Chambersburg PA
CBHW071450130726
47997CB00006B/2300